VENTE

APRÈS DÉCÈS DE M. ALEXANDRE DELAUNAY
Marchand d'Estampes

ESTAMPES ANCIENNES
ET MODERNES

ÉCOLE FRANÇAISE DU XVIIIᵉ SIÈCLE

ARCHITECTURE, ORNEMENTS, PORTRAITS, COSTUMES, MODES
PHOTOGRAPHIES, ETC., ETC.

LIVRES A FIGURES — PLANCHES GRAVÉES

Hôtel des Commissaires-Priseurs, Rue Drouot, N° 5
Salle n° 4

Les Vendredi 4 et Samedi 5 Juin 1880
A 1 HEURE

Par le ministère de Mᵉ Maurice DELESTRE, commissaire-priseur
27, RUE DROUOT, 27

Assisté de MM. DANLOS Fils et DELISLE, marchands d'estampes
15, QUAI MALAQUAIS, 15

1880

CONDITIONS DE LA VENTE

Elle sera faite au comptant.

Les acquéreurs paieront cinq pour cent en sus des enchères.

MM. Danlos fils et Delisle, chargés de la vente, se réservent la faculté de rassembler ou de diviser les lots.

DÉSIGNATION

ESTAMPES ANCIENNES ET MODERNES

1. **Aubry-le-Comte.** — Psyché et l'Amour, d'ap. Gérard. 26 épr. sur chine.
2. **Baudouin** (d'ap. P. A.). — L'Amour frivole. — L'Amour à l'épreuve. 2 p. faisant pendants, grav. par Beauvarlet. Belles épr. avec toutes leurs marges.
3. — L'Épouse indiscrète. — La Sentinelle en défaut. 2 p. faisant pendants, grav. par N. de Launay. Très belles épreuves.
4. — Rose et Colas, par Simonet. Très belle épreuve.
5. — Le Curieux. — La Sentinelle en défaut. — L'Épouse indiscrète. — Le Contre-Temps. 4 pièces.
6. — Les Amants surpris. — Le Fruit de l'Amour secret. — Le Lever de la Mariée, d'ap. Dugoure. 3 pièces.
7. — L'Épouse indiscrète. — La Sentinelle en défaut. — Le Midi. — Le Matin, etc. 5 pièces.
8. **Beauvarlet** (P.). — L'Enlèvement d'Europe. — Le Jugement de Pâris, etc. 4 p. d'ap. Giordano. — Les quatre Éléments, d'ap. B. de Boullogne. Ensemble 8 p. Belles épreuves.
9. — Les Couseuses, d'ap. Le Guide. — Télémaque dans l'île de Calypso, d'ap. Raoux. — Agar et Ismaël, par Porporati, épr. avant la lettre, etc. 8 pièces.

10 **Boilly** (d'ap. L.). — Honny soit qui mal y pense. — Avant la toilette. — Comment la trouvez-vous? — Dors, dors, par Regnault, etc. 6 pièces.

11 **Bonnart.** — Costumes de femmes, époque Louis XIV. 135 pièces.

12 **Bonington** (R.-P.). — Vues et sujets divers, lithographies. 36 pièces.

13 **Borel** (d'ap. L.). — L'Indiscret. — Dernières paroles de Mirabeau. — Vous avez la clef... — J'y passerai, etc. 7 pièces.

14 **Bosse** (Abraham). — Les noms, surnoms, qualités, armes et blasons des chevaliers de l'ordre du Saint-Esprit. 4 pièces.

15 20 pièces diverses.

16 **Boucher** (d'ap. F.). — La Toilette pastorale. — Les Confidences pastorales. 2 p. faisant pendants, grav. par C. Duflos. Très belles épr. avec toutes leurs marges.

17 — Les quatre Saisons, suite de 4 p. en largeur, grav. par Daullé. Très belles épr. avec de grandes marges, moins la pièce de l'Automne.

18 — Les Amours pastorales. — Retour de chasse de Diane. — Trois pièces grav. par C. Duflos. Très belles épreuves.

19 — Vénus tranquille. — L'Amour au bain. — Les Amours pastorales. — Les Buveurs de lait. 5 p. grav. par Duflos et Daullé.

20 — Vénus entrant au bain. — Vénus sortant du bain. Elle mord à la grappe. — Les Douceurs de l'été, etc. 7 p. Belles épreuves.

21 — Jupiter et Léda. — Jupiter et Calisto. — La Bergère prévoyante. — La Chasse au tigre, etc. 9 pièces.

22 — Les Villageois à la pêche. — Le Sommeil interrompu. — La Fécondité. — L'Obéissance récompensée. — Les Amants surpris, etc. 8 p. Belles épreuves.

23 — Les Amours pastorales. — Le Berger avec sa flûte.

— 5 —

    — La Bergère avec son troupeau. — L'Enlèvement d'Europe. — Chinoiseries, etc. 12 pièces.

24 — Études d'Amours. Paysages, etc. 33 p. Anciennes épreuves.

25 **Bridoux** (A.). — Louis-Philippe en pied. Épreuve d'artiste.

26 **Calamatta** (L.). — Portrait de M. Guizot, d'ap. P. Delaroche. Très belles épr., papier de Chine.

27 — Françoise de Rimini, d'ap. Ary Scheffer.

28 — La Femme adultère, d'ap. Lesueur. Épr. d'artiste.

29 **Caricatures**, par Grandville, Daumier, Pigal, etc. 300 pièces.

30 **Carmontelle** (d'ap. L.-C.). — Pas de deux dansé à l'Opéra, par Damberval et Mlle Allard ; grav. par Tillard. Très belle épr. avec toute sa marge.

31 **Challe** (d'ap. M. A.). — La Défaite, par Marchand. Très belle épreuve.

32 — Le Bouquet impromptu, par A. Legrand. Très belle épreuve.

33 — Les Amants trahis par leurs ombres, par Wogls. Très belle épreuve.

34 **Challe et Mallet.** — Le Bouquet impromptu. — La Saison des amours. — La Nouvelle intéressante. — Fanchon la Vielleuse, etc. 6 p. Belles épreuves.

35 **Chardin** (d'ap. J.-B.-S.) — La Serinette, par L. Cars. Très belle épr. avec une grande marge.

36 **Chardin et Canot.** — La Mère laborieuse. — Le Maître de Danse. — Le Souhait au grand-papa. — Le Gâteau des Rois. 4 p. grav. par Lépicié et Le Bas. Belles épreuves.

37 **Charlet** (d'ap. N. T.). — Les Invalides en goguette. — Doucement, la mère Michel! — Le Français après la victoire. — Le Grenadier de Waterloo. 13 p. imprimées chez Lasteyrie.

38 — Le Soleil luit pour tout le monde. — La Bienve-

nue. — Invalides en goguette. — Le Drapeau défendu. — Le Grenadier manchot. — Le Grenadier de Waterloo, etc. 14 p. imprimées chez Lasteyrie.

39 — Courage, Résignation. — Les Maraudeurs. — Le Quartier général. — Le Soldat français. — Costume de la Garde Impériale. 24 p. imprimées chez Delpech.

40 — L'Intrépide Lefèvre. — C'est mon père. — Le Second Coup de feu. — Papa Nanan. — Papa Dada. 1810-1820. — J'obtiens de l'activité, etc. 22 p. imprimées chez Motte et chez Vilain.

41 — Je suis innocent, dit le Conscrit. — Le Second Coup de feu. — Vous croisez la baïonnette. — Voilà pourtant comme je serai dimanche. — La Manie des armes, etc. 21 p. imprimées chez Motte et chez Vilain.

42 — L'Aumône. — L'Insubordination. — Le Gamin. — Siège et prise de Berg-op-Zoom, etc. 20 p. imprimées chez Lasteyrie, Vilain, Mlle Fromentin et autres.

43 — Sujets d'albums. 370 p. environ (sera divisé).

44 **Chiflart.** — Improvisations à l'eau-forte. 15 planch.

45 **Coiny** (J.). — La Création d'Ève, d'ap. M. Ange. Très belle épr., lettres grises, sur chine. Toute marge.

45 bis. La même estampe. Belle épreuve.

46 **Coypel** (d'ap. Ch.). — Madame de... (Mme de Monchy) en habit de bal, grav. par L. Surugue. Très belle épr.

47 — Illustrations pour Don Quichotte. 9 p. Très belles épr. avec toutes leurs marges.

48 — 31 p. de la suite précédente. Belles épr. collées en plein.

49 **Debucourt** (P.-L.). — Elle est prise. Belle épr.

50 **Delacroix** (Eug.). — Faust de Gœthe. 18 p.

51 **Desnoyers** (baron Boucher). — La Belle Jardinière. — La Vierge à la chaise. 2 p.

52 — La Foi. — Adam et Ève, par Richomme. 3 p. d'ap. Raphaël. Belles épr.

53 **Desfossés** (d'ap.). — La Reine annonçant à Mme de

Bellegarde des juges et la liberté de son mari en mai 1777, grav. par Duclos. Belle épr. sans marges.

54 **De Troy** (d'ap.). — La Toilette pour le bal. — Le Retour du bal. 2 p. grav. par Beauvarlet. Belles épr. avec la dédicace ; elles manquent de conservation.

55 **Divers.** — Tableau magique de Zémire et Azor. — Le Concert méchanique. — Le Berger constant, etc. 6 p. d'ap. Touzé, Eisen, Jeaurat et autres.

56 — La Malice enfantine. — La Vertu sous la garde de la Fidélité. — La Fidélité en défaut. — L'Amant curieux, etc. 8 p. d'ap. Eisen, Lebel, Loutherbourg et autres.

57 — Fanchon la Vielleuse. — Dernière scène de Misanthropie et Repentir. — La Fille surprise. — La Mère trompée. 4 p. d'ap. De la Place et Lepeintre. Belles épr.

58 — La Relevée. — L'Amour médecin. — L'Amour petit maître. — Le Souhait au grand-papa, etc. 7 p. d'ap. Jeaurat, Courtin, etc.

59 — Memnon, ou l'Écueil du sage. — Bacchanale. — La Sortie du bain. — Offrande à Vénus, etc. 5 p. d'ap. Moreau, Trinquesse, Vien et autres.

60 — Le Consommé. — La Curiosité punie. — La Pantoufle. — La Familiarité dangereuse, etc. 7 p., anciennes épr. d'ap. Moitte, Challe, etc.

61 — Ménade sortant des bacchanales. — Autel du jeune Bacchus. — Circassienne au bain. — Nécessité n'a pas de loi, etc. 6 p. d'ap. Barthélemy, Vien et Delorme.

62 **Drouais** (d'ap. F.-H.). — Les petits Savoyards (les Enfants du roi de Sardaigne), grav. par Mélini. Très belle épreuve.

63 **Duménil** (d'ap. Aubry). — Le Catéchisme. — La Dame de charité. — L'heureuse Nouvelle. — La Promesse approuvée, d'ap. Lépicié, etc. 6 p. Belles épr.

64 **Dupont** (Henriquel). — Gustave Wasa, d'ap. Hersent. Épreuve d'artiste sur chine.

65 — Louis-Philippe, en pied. Épreuve d'artiste.
66 **Dyck** (d'ap. Van). — 55 p. grav. par Vorsterman, Pontius, etc.
67 **Eisen** (d'ap. C.). — Le Jour. — La Nuit. 2 p. faisant pendants; grav. par Patas. Très belles épr. tachées d'humidité.
68 **Eisen et Jeaurat** (d'ap.). — La Malice enfantine. — La Vieille de bonne humeur. — Le Berger constant. 3 p. Belles épreuves.
69 **Eaux-fortes modernes.** — 28 p. par Méryon, Rochebrune, Daubigny, etc.
70 500 pièces par divers artistes (sera divisé).
71 **Fragonard** (d'ap. H.). — La bonne Mère, par De Launay. Très rare épr. dans un état d'eau-forte assez avancé.
72 — Pèlerinage à Saint-Nicolas. Très belle épr. avant la lettre, tachée d'humidité.
73 — Le Serment d'amour, par de Launay.
74 — La faible Résistance, ou le Verrou. — L'Amant victorieux. — Suite du Verrou. 2 p., faisant pendants, grav. par Le Beau. Très belles épr. avec de grandes marges.
75 — Les Beignets, 2 épr. — L'heureuse Fécondité. L'Innocence inspire la tendresse. 4 p. Belles épr.; la dernière est avant la dédicace.
76 — Le Serment d'amour. — La bonne Mère. — La Famille du fermier. 3 pièces. Belles épreuves.
77 — Le Verre d'eau. 2 épr. — Les Pétards. — Les Jets d'eau. — Le Pot au lait. — Le Baiser à la dérobée. 6 p.
78 **Fragonard et M**^{lle} **Gérard.** — La Résistance inutile. — Il a cueilli ma rose. — Le Présent. — Je m'occupais de vous, etc. 6 p. grav. au pointillé. Belles épr.
79 **Freudeberg** (d'ap. S.). — La Gaieté conjugale, par N. de Launay. Très belle épr., avec de grandes marges.
80 — Le Petit Jour. — Le Bain. — La Gaieté conjugale.

L'Horoscope accompli. — Le Présent du fermier, etc. 7 pièces.

81 **Gavarni.** — Les Débardeurs à Clichy. 45 pièces.
82 — M. Loyal, impressions de ménage, etc. 40 pièces.
83 — Paris le matin. — La Vie de jeune homme. 58 p.
84 — Pièces de diverses suites, en couleur. 200 p. (sera divisé).
85 **Gelée** (Claude), dit le Lorrain. — 105 p. tirées du Liber Veritatis.
86 **Gérard** (d'ap. Mlle). — L'Élève intéressante. Très belle épreuve avant la dédicace.
87 **Géricault.** — Lara. — Mazeppa. Études de chevaux, etc. 60 pièces.
88 **Gessner.** — 115 pièces gravées à l'eau-forte.
89 **Gillot** (C.). — La Naissance. — L'Éducation. — Le Mariage. — Les Obsèques. 4 p. faisant pendants. Très belles épreuves avec marges.
90 **Girardet.** — Le Champ de Mai. Très rare épreuve à l'état d'eau-forte. Toute marge.
91 **Godefroy.** — Le Congrès de Vienne, d'ap. Isabey. 3 épr. dont l'une est à l'état d'eau-forte.
92 **Goya.** — La Tauromachie, recueil de 40 estampes à l'eau-forte.
93 — 7 planches inédites pour la Tauromachie.
94 **Greuze** (d'ap. J.-B.). — L'Oiseau mort, par J.-J. Flipart. Très belle épr. avec les signatures de Greuze et de Flipart au verso.
95 — Le Ramoneur, par Voyez. Très belle épreuve.
96 — L'Ermite. Belle épreuve avant la lettre.
97 — Le doux Regard de Colette. — Le doux Regard de Colin. — Le petit Frère. 3 p. grav. par Dennel et Hauer. Très belles épreuves.
98 — Retour de Nourrice. — Les Écosseuses de pois. — Le Fermier brûlé. — La Paresseuse. — L'Invocation à l'Amour. 5 p. Belles épr., la dernière est avant la lettre.

99 — L'Oiseau mort. — La belle Pénitente. — La Savonneuse. — La Vertu chancelante. 4 p. Belles épreuves.

100. — L'Accordée de village. — Le Paralytique. — Le Gâteau des Rois. — La Dame bienfaisante. — La Veuve et son Curé. — Le Testament déchiré. 6 pièces.

101 **Guérin** (C.). — L'Amour désarmé, d'ap. Le Corrège. Très belle épr. avant la lettre; elle est tachée d'humidité.

102 **Hilair** (d'ap. J.-B.). — L'Esclave heureux, par J. Mathieu. Très belle épr. avec marge.

103 **Hollar** (W.). — Les Quatre Saisons. Belles épr.

104 **Hooghe** (Romain de). — Arlequin sur l'hippogriffe à la Croisade loyoliste. — La belle Constance dragonnée par Arlequin Déodat. 2 pièces satiriques sur les Jésuites et sur les Dragonnades. Rares.

105 **Huet** (d'ap. J.-B.). — Ce qui est bon à prendre est bon à garder, par A. Chaponnier. Très belle épr. tirée en bistre. Grandes marges.

106 **Incroyables** (pièces sur les). — Arrivée des Remplaçants. — La Science du jour. — Les Croyables au Pérou. — Point de Convention, etc. 6 p., belles épr.

107 **Isabey** (d'ap.). — Costumes pour le sacre de Napoléon Ier. 45 p. avant la lettre.

108 **Jacquart**. — 1734. La Chasse du prince Charles. Pièce rare gravée à l'eau-forte.

109 **Jazet**. — Le Maréchal Moncey à la barrière Clichy, d'ap. H. Vernet. Belle épr.

110 **Jordaens** (d'ap.). — Sujets religieux, mythologiques, de la fable, etc. 18 p.

111 **Lancret** (d'ap. N.). — *Que le cœur d'un amant*, etc. *D'un baiser que Tircis*, etc. 2 p. gravées par S. Silvestre. Très belles épr.

112 — L'Enfance. — La Jeunesse. — La Vieillesse. 3 p. gravées par de Larmessin. Très belles épr.

113 — La Joye du théâtre. — L'Occasion fortunée.

La Musique champêtre. — Les Amours du bocage. — L'Automne. — Le Maître galant. 6 p., belles épr.

114 — Mademoiselle Sallé. — L'Eau. — L'Automne. — L'Enfance. — La Jeunesse, etc. 9 p.

115 **Laugier.** — Le Zéphyr, d'ap. Prudhon.

116 **Lawreince** (d'ap. N.). — The Grove. — The Green Plot. 2 p. faisant pendants. Belles épr.

117 — L'Assemblée au salon. — L'Assemblée au concert. — 2 p. faisant pendants, gravées par Dequevauvillers. Belles épr. manquant de conservation.

118 — Le Billet doux. — Qu'en dit l'Abbé? 2 p. faisant pendants, gravées par N. de Launay.

119 **Lawreince et autres.** — Les Offres séduisantes. — Les Désirs satisfaits. — La Vertu sous la garde de la Fidélité. — Les Mœurs du temps, 4 p., belles épr. sans marges.

120 **Le Clerc** (d'ap.). — Vie débauchée de l'Enfant prodigue. 9 p. Belles ép.; dont 4 gravées à la manière noire par Haid.

121 **Leisnier.** — La Fornarine, d'ap. Raphaël. 30 épr.

122 **Le Paon** (d'ap.). — Revue du Trou d'Enfer, par Ph. Le Bas. Très belle épr., avant la lettre.

123 **Lepautre.** — Plafonds, vases, cheminées, etc. 78 p.

124 **Le Prince** (d'ap.). — Le Berger russe. — Le Réveil des enfants. — L'Aimable Accord, d'ap. De Troy; etc. 6 p.

125 **Leroux.** — Léda, d'ap. L. de Vinci. Très belle épr. avant la lettre.

126 **Lespinasse** (d'ap.). — Vue de Paris. 4 grandes p. Belles épr.

127 **Leyde** (Lucas de). — **Goltzius, Crispin de Pas,** etc. (par et d'ap.). 70 p.

128 **Mallet** (d'ap.). — Chit-Chit!... Gravé par Copia. Belle épr.

129 **Martial.** — Salon de 1865. 20 p. gravées à l'eau-forte, épr. sur chine.

— 12 —

130 — Salon de 1868, 15 p. gravées à l'eau-forte.
131 — Paris incendié. 12 p.
132 **Mercury (P.).** — Les Moissonneurs dans les marais Pontins, d'ap. L. Robert. Très belle et très rare ép. d'artiste non entièrement terminée. Elle a toute sa marge.
133 — La même estampe. Superbe épr. d'artiste, avant toute lettre et avant l'adresse de Chardon; les noms du maître écrits à la pointe. Toute marge.
134 **Michel-Ange** (d'ap.). — Prophètes et Sibylles. — Pendentifs. — Sujets de l'Ancien Testament. p. gravées par Fabri et Savorelli.
135 **Modes.** — An VIII. — X. — XI. — XII. — XIII. — 1815. — 1816. — 1817. — 1818. — 1820. — 1822. — 1823. — 1825 à 1830. — 4,000 p. environ (sera divisé).
136 **Moitte et Moreau.** — Le Consommé. — L'Écueil de l'innocence. — La Curiosité punie. — Le Bouquet déchiré. — Memnon, etc. 7 p., anciennes épr.
137 **Monnet, Hilair,** etc. — Renaud et Armide. — Salmacis et Hermaphrodite. — Jupiter et Antiope. — L'Esclave heureux, etc. 7 p., anciennes épr.
138 **Moreau** (d'ap. J.-M.) La Petite Toilette. — Le Vrai Bonheur. 2 p. gravées par Martini et Simonet.
139 — La Revue de la plaine des Sablons, par Malbeste. Belle épr. manquant de conservation.
140 — Tombeau de J.-J. Rousseau. — Grétry reçu aux Champs-Élysées par Rousseau et Voltaire, gravé par Duplessis-Bertaux. 2 p. Très belles épr.
141 **Nattier** (d'ap.). — Madame de *** en Flore (Mme de Pompadour), gravé par Voyez le jeune. Belle épr. avec de grandes marges.
142 — Madame Louise-Élisabeth de France, par Balechou. Très belle épr. avec toute sa marge.
143 — **Ornements anciens,** vases, par divers. 66 p.
144 — Cheminées, cartouches, arabesques. etc. 80 p.

145 — Cartouches, arabesques, etc. 80 p.
146 — Lettres ornées du XVIᵉ siècle. Environ 2,000 p.
147 **Paterre** (d'ap.). — La Danse, par Fillœul. Très belle épr.
148 — Le Colin-maillard. — La Danse. — L'Agréable Société. 3 p. gravées par Fillœul. Belles épr.
149 — Les Amants heureux. — Les Plaisirs de l'été. Pièces tirées du *Roman Comique*. — Le Baiser donné, etc. 9 p., anciennes épr.
150 **Pigeot et Lacour**. — Le Ménage hollandais, d'ap. G. Dow. Épr. lettres grises, sur chine.
151 **Porporati** (C.). — Le Coucher, d'ap. C. Vanloo. Très belle épr. avant la lettre.
152 — Suzanne au bain. — Le Coucher. 2 p. d'ap. Santerre et C. Vanloo. Belles épr.
153 **Portraits** : — Madame Favart. — La Fontaine. — La Mothe Le Vayer. — Le cardinal de Richelieu. — Le maréchal de Saxe, etc. 8 p. grav. par Ficquet, Savart et de Marcenay.
154 — Le maréchal de Saxe. — M. de L'Hôpital. — Le marquis de Mirabeau, etc. 7 p. grav. par de Marcenay.
155 — Spontini. — Kreutzer. — Nicolo. — Berton. — Dalayrac. — Pleyel, etc. 14 portraits d'artistes, grav. la plupart au physionotraste par Quenedey.
156 — Descartes. — La Harpe. — Buffon. — Fénelon. — Gréville. — Poullain de Sainte-Foix, etc. 15 p. in-4 et in-8.
157 — Voltaire. — Racine. — Rigaud. — Lemoine. — D. Cochin. — La Chalotais, etc. 19 p. in-4 et in-12.
158 — Le chevalier d'Orléans. — B. de Mesmes. — Le Régent. — Le cardinal Fleury. — Louis XVI, etc. 17 p. in-4 par L. Cars, Ravenet et autres.
159 — Harlequin. — Voltaire. — La Harpe. — Raynal. — Servandoni. — Fénelon, etc. 14 p. in-4 grav. par Habert, Langlois, Saint-Aubin et autres.

160 — Madame Lebrun assise devant son chevalet. Madame Favart. 2 p. Belles épr.

161 — Portraits gravés au physionotraste par Chrétien et Quenedey. 53 p. Collection très curieuse de personnages de la Révolution et de l'Empire dont il doit être très facile de trouver les noms et qui pour la plupart ne se trouvent que dans cette suite. Les épreuves sont superbes et ont toutes leurs marges.

162 **Prévost.** — Les Moissonneurs, d'ap. L. Robert. Épr. avant la manière noire.

163 — Les Moissonneurs et la fête de la Madone de l'Arc, d'ap. L. Robert. Épr. lettres grises, sur chine, encadrées.

164 **Prud'hon** (d'ap. P.-P.). — Compositions diverses. 40 pièces.

165 **Raffet.** Lithographies diverses. 50 p.

166 — Voyage en Russie. — Sujets tirés d'albums, etc. 390 p. (sera divisé).

167 **Ranson** (d'ap.). — Attributs, arabesques, etc., 14 pièces.

168 **Raphael** (d'ap.). — Les Stanze du Vatican. Suite de 8 p. grav. par Volpato. Belles épr.
10 p. doubles des précédentes, anciennes épr.

169 — Les Voûtes du Vatican. 12 p. grav. par Fabri et Salandri. Belles épr.

170 **Regnault** (F.). — Le Matin. — Le Soir. — L'Imitation de l'antique. — L'Admiration de l'antique, d'ap. Dutailly, etc. 5 p., belles épr.

171 **Richomme.** — Adam et Ève, d'ap. Raphael. — L'Amour désarmé, par Guérin, d'après le Corrège. — Le Sommeil, par Romanet, d'ap. le Titien, etc. 6 p. Belles épr.

172 **Rubens** (d'ap. P.-P.) — Assomption de la Vierge (différentes compositions), la Pentecôte, etc. 12 p.

173 — Adoration des Mages. — La Fuite en Égypte, etc. 12 p.

— 15 —

174. — Saintes Familles, sujets de la vie de la Vierge, etc. 18 p.
175. Sujets de l'Ancien et du Nouveau Testament, 23 p.
176. — Le Christ en croix, sujets du Nouveau Testament etc. 25. p.
177. — Histoire sacrée, sujets de saints, etc. 25 p.
178. — Sujets mythologiques, etc. 20 p.
179. — Grands et petits paysages, 15 p.
180. — Grandes chasses, etc. 18 p.
181. **Saint-Aubin** (A. de). — Jupiter et Léda, d'ap. P. Véronèse. Belle épr.
182. **Saint-Aubin** (d'ap. A. de). — La Promenade des remparts de Paris. Copie, grav. en contre-partie de l'estampe de Duclos. Belle épr.
183. **Strange** (R.). — Henriette de France et ses enfants, d'ap. Van Dyck.
184. — Vénus, d'ap. le Titien. Très belle épr.
185. — La Madeleine, Cléopâtre, Vénus et Danaé, sujets religieux. 10 p.
186. **Sudre**. — Angélique attachée au rocher, d'ap. Ingres. 8 épr. sur chine.
187. **Valperga** (L.). — La Correction conjugale, d'ap. A. E. G. Très belle épr. avant la lettre.
188. **Vanloo** (d'ap. C.). — Madame Favart dans le rôle de Bastienne. Grav. par Daulle. Belle épr. avec une très-grande marge.
189. **Vernet** (H.). — 260 p. de son œuvre lithographié.
190. **Watteau** (d'ap. A.). — Les Amusements champêtres, par B. Audran. Très belle épr.
191. — L'Amour paisible, par Baron. Très belle épr.
192. — L'Amour au Théâtre-Français, par C. N. Cochin. Belle épr.
193. — L'Indiscret, par Aubert. Très belle épr. avec une grande marge.
194. — L'Embarquement pour Cythère, par Tardieu.

195 — Les Quatre Saisons, 4 p. en largeur grav. par Moyreau. Belles épr. avec marges.
196 — Les Quatre Saisons, en hauteur. — La Troupe italienne. — La Fête bachique. — Le Sommeil dangereux, etc. 8. p., anciennes épr.
197 — L'Amour au Théâtre-Italien. — Au Théâtre-Français. — M. de la Roque. — Départ de garnison, etc. 7 p., anciennes épr.
198 — Figures de différents caractères, de paysages et d'études dessinés d'ap. nature. 230 p. Très belles épr. (Sera divisé.)
199 **Wille** fils (d'ap.). — Les Conseils maternels. — La Mère indulgente. Deux pièces faisant pendants, grav. par Lempereur. Très belles épr.
200 **Allongé, Lalanne, Appian et autres** (d'ap.). — Reproduction de fusains. 2,000 p. environ.
200 *bis*. Sous ce numéro, il sera vendu par lots un nombre considérable d'estampes anciennes et modernes, gravures au burin et à la manière noire, gravures anglaises. — Portraits. — Architecture, ornements anciens et modernes. — Études de paysages, de figures, d'animaux. — Marines, fleurs. — Vitraux d'églises. — Photographies, caricatures gravées et lithographiées. Gravures encadrées. — Cadres, chevalets, etc.

PIÈCES IMPRIMÉES EN COULEURS

201 **Alix** (P.-M.). — Louis XVIII, roi de France, d'ap. Pasquier. Très belle épr. avec toute sa marge.
202 — Lycurgue. — Brutus. — Delille. — Pie VII, etc. 6 p., les deux premières sont avant la lettre.
203 **Anonymes.** — Le Jugement dernier, pièce satirique sur les hommes politiques de la Révolution et de

l'Empire. Pièce très rare, avec la légende donnant les noms des personnages.

204 — Rien ne manque plus à sa gloire (allégorie sur le XVIII Brumaire).—Le Génie de la France renversant le grand éteignoir impérial, portraits de Cambacérès. — Lebrun. — Joséphine, etc., 6 p.

205 **Basset** (à Paris, chez). — Fête du 4 juillet an IX : Vue des trois Théâtres construits aux Champs-Élysées. Très belle épr. d'une pièce curieuse et rare.

206 **Boilly** (d'ap.). — Première et deuxième scènes de voleurs, 2 p., faisant pendants, grav, par Gros. Très belles épr. avec toutes leurs marges.

207 **Bonnet.** — Vénus au bain. — Diane au bain. 2 p., faisant pendants, grav. d'après Beaufort. Belles ép.

208 **Boucher** (d'ap.). — Vénus couchée. — Etudes de têtes. — Paysage, etc., 9 p., grav., à la sanguine par Demarteau et autres.

209 **Caresmes** (d'ap.). — Les Plaisirs bachiques. 2 p., faisant pendants, grav., par Bonnet. Belles épreuves sans marges.

210 **Caricatures:** — Départ pour Frascati. — La Chute dangereuse. — Le Marché aux fleurs. — Veillée de la place Royale. — Le Désagrément des ruisseaux. — La Fureur des corsets, etc. 10 p., curieuses et rares.

211 Progrès des Lumières. — Les Dames anglaises après dîner. — Milord Pouf. — Entrez, messieurs et dames ! — Réception d'un Chevalier de l'Éteignoir, etc. 11, p.

211 *bis*. Le Bon genre.— Caricatures parisiennes. — Caricatures universelles, 170 p. (Sera divisé.)

212 Le Journal *la Caricature*, 100 p.

212 *bis*. **Carrée et autres.** — Vue de la Fontaine des Innocents. — Vue du Palais-Royal. — Jardin Baujon, etc., 4 p.

213 **Challe, Pietkin,** etc. — Quand l'Hymen dort, l'Amour veille. — Les Délices de l'été. — Les trois Grâces. 3 p., grav. par Mauclerc, Chapuy et Janinet.

214 **Chapuy**. — Les Plaisirs de l'été. — Conversation dans un parc. 2 p. faisant pendants, grav. d'après Pietkin. Très belles épreuves sans marges.

215 **Debucourt**.— Cosaque au bivac.— Cosaque galant. — La Fin du gastronome. 3 p., d'après C. Vernet.

216 **Divers**. — La Peinture animée des Grâces. — Le Premier Baiser de l'Amour. — Vue de la cathédrale d'Anvers, etc. 5 p. d'ap. Lagrene, Challe et autres.

217 **Huet** (d'ap. J.-B.).— Le Chien d'arrêt.— Le Chasseur endormi.— Les Vendanges, etc. 5 p., grav., par Demarteau et Léveillé.

218 — Le Bain. — Vénus couchée. — Ariane, etc., 7 p., grav., par Bonnet, Demarteau et Léger.

219 **Huet et Caresme**. — L'Amour caressant une bergère. — Les Plaisirs bachiques. 2 p., belles épreuves.

220 **Huet et autres**. — L'Amour-propre. — Jupiter et Léda. — La Pudeur alarmée. — La Pudeur en défaut, etc., 6 pièces.

221 — La Colère feinte. — L'heureuse Distraction. — Compagne de Pomone, etc., 5 p. grav. par Janinet, Bonnet, etc.

222 **Janinet**. — La Bacchante enivrée.— Le Satyre amoureux. 2 p. faisant pendants, d'après Caresme. Très belles épreuves.

223 **Pallaiseaux**. — Vue des barrières de la gare de Fontainebleau, de Charenton et de Ménilmontant, 4 p. rares, grav., par Schwartz.

224 **Paroy** (le comte de). — Bacchanale d'après le Poussin. 2 épreuves, dont l'une, très belle, est avant la lettre.

225 **Ramberg**. — Naples en 1799. Pièce satirique curieuse. Très belle épreuve.

226 — Le Marché d'esclaves. Très belle ép., avant la lettre.

227 **Robert** (d'ap. Hubert). — Vues d'Italie. 5 p., grav. à la manière du lavis par Saint-Non. Très belles épreuves avec marges.

228 **Saint-Aubin** (d'ap. A. de). — *The first come best served* (Le premier arrivé est le mieux servi). — *The place to the first occupier* (La place est au premier occupant). 2 p., faisant pendants, grav., par Sergent. Très belles épreuves sans marges. Rares.

229 **Vernet** (C.). — Costumes modernes français et anglais. — Le Départ du chasseur. — Le Chasseur au renard. — L'Escamoteur. 4 p., la dernière d'après Pasquier. Belles épreuves.

PLANCHES GRAVÉES

230 **Collection d'enfants**, grav. d'après les anciens maîtres,
    36 sujets sur 34 cuivres.
    240 épreuves.

231 **Copia**. — Comtesse de Genlis, d'ap. Mirès. In-8.
    1 cuivre.
    200 épreuves environ,

232 **Ferdinand**. — Les Vertus innocentes, ou leurs Symboles sous des figures d'enfants.
    8 cuivres.
    33 exemplaires.

233 **Gatine et Lanté**. — Femmes célèbres de l'ancienne France.
    70 cuivres.
    8 exemplaires.

234 **Greuze** (d'ap.). — Le doux Regard de Colin, le doux Regard de Colette, grav., par Dennel.
    2 cuivres.
    200 épreuves.

235 **Peters** (d'ap.). — Tête de femme.
    1 cuivre.
    45 épreuves.

236 **Rubens** (d'ap.) — Hercule tuant Cacus; reproduction par le procédé Pilinski.
1 pierre 47-65.

237 **Varin-Markes**, etc. — Pièces choisies de l'œuvre de Watteau.
43 cuivres.
Environ 500 épreuves.

LIVRES

238 **L'Architecture** ottomane, publiée sous le patronage de Edhen-pacha. *Constantinople*, 1873. In-fol., cart.

239 **Aubert.** — Le Compilateur artistique, ornements d'après les maîtres anciens. 2 vol. in-4°, cart.

240 **Bartoli.** — Admiranda Romanarum. 1 vol. in-fol. obl., vél.

241 **Bartsch.** — Le Peintre graveur. *Leipzig*, 185.
21 vol. in-8°, demi-rel.

242 **Bloemart.** — Études de dessin. 1 vol. in-fol. demi rel. *Amsterdam*, 1740.

243 **Cahier et Martin.** — Suite aux Mélanges d'archéologie. *Paris*, Morel, 1868, 2 vol. in-4°, en carton.

244 **Catalogue** du cabinet du comte Rigal avec prix. *Paris*, 1877, in-8°, demi-rel.

245 **Clarac.** — Musée de sculpture antique et moderne. 6 vol. de texte in-8°, et 6 vol. de planches in-4°, broché.

246 — Musée de sculpture antique et moderne. 5 vol. de planches in-4°, obl. demi-rel.

247 **La Chapelle** de Saint-Ferdinand, d'après les dessins d'Ingres, par Sudre. *Paris*, 1846, in-fol., demi-rel.

248 **Claesen.** — L'Art décoratif, modèles de décoration et d'ornementation dans tous les styles. *Liège*, 1862, in-fol., demi-rel. veau.

249 **Géricault**. — Étude biographique et critique, par Clément. *Paris*, 1868, in-8°, demi-rel.

250 Monuments modernes de la Perse. *Paris*, Morel, 1867, in-fol., demi-mar.

251 **Daviler**. — Cours d'architecture. *Paris*, 1738, in-4°, veau.

252 **Dedoux et Doury**. — Histoire de la Sainte-Chapelle du Palais. *Paris*, 1857, in-fol., en carton.

253 **Digby Wyatt**. — The Art of illuminating from the earliest times. *London*, 1860, in-4°, cart.

254 **Guiffrey**. — L'Œuvre de Ch. Jacque, catalogue de ses eaux-fortes et pointes sèches. *Paris*, 1866, in-8°, demi-rel.

255 **Guillaumot** (fils). — Costumes du XVIII° siècle. *Paris*, 1874, gr. in-8°, cart.

256 — Costumes du Directoire, tirés des Merveilleuses. *Paris*, 1875, gr. in-8°, cart. fig. en couleur.

257 **Girodet**. — Énéide, suite de compositions lithographiées d'ap. ses dessins. In-fol. obl. demi-rel.

258 **Grandville**. — Les Métamorphoses du jour. In-4° obl. cart.

259 *The Works of William Hogarth, from the original plates restored by James Heath. London*, 1822, 3 vol. grand in-fol., demi-rel. veau.

260 **Lanté et Gatine**. — Femmes célèbres de l'ancienne France, 1 vol. in-4°, demi-rel., fig. en couleurs.

261 **Le Blanc**. — Manuel de l'amateur d'estampes. *Paris*, 1850. Liv. 1 à 3 ; broché.

262 **Leroy** (Alphonse). — Collection de dessins originaux de grands maîtres gravés en fac-similé. *Paris*, s. d., grand in-fol., demi-rel. mar.

263 **Liénard**. — Spécimens de la décoration et de l'ornementation au XIX° siècle. 1866, in-fol., demi-rel.

264 **Meaume**. — Recherches sur la vie et les ouvrages de Jacques Callot. *Paris*, 1860, in-8°, demi-rel.

— 22 —

265   **Ornements** des anciens maîtres du XVᵉ au XIXᵉ siècle. 222 planches. *Paris*, 1864, en carton.

266   **Owen Jones.** — Grammaire de l'ornement. 1. vol. gr. in-4° demi-rel.

267   **Pfnor.** — Ornementation usuelle à toutes les époques. *Paris*, 1867, in-4°, demi-rel.

268   **Prignot.** — Décors intérieurs pour édifices publics et privés, photographiés sur les dessins de l'artiste. *Paris*, 1870, in-fol., en carton.

269   **Quellinus.** — Hôtel de Ville d'Amsterdam, 1665, in-fol. rel.

270   **Recueil** de petits sujets et culs-de-lampe, utiles aux artistes. *Paris*, *Chereau*, d'ap. Eisen, Gravelot, Boucher, etc. In-4°, demi-rel.

271   **Raphael.** — Les Loges, gravées par Chapron, In-fol., obl. demi-rel.; épr. avant l'adresse de Mariette.

272   **Reiber.** — L'Art pour tous. *Paris*, Morel, 1861 à 1871. 9 années, in-fol., cart.

273   **Tableaux** historiques de la Révolution française, figures de Duplessis-Bertaux. *Paris*, 1817, in-fol., demi-rel.

274   **Vriedeman de Vriese.** — Menuiserie. *Bruxelles*, van Trigt, 1869, in-4°, en carton.

275   **Watteau.** — Pièces choisies, gravées par Varin, etc. 1 vol. in-4°, demi-rel.

276   Sous ce numéro, il sera vendu un grand nombre de livres à figures sur les beaux-arts.

Paris. — Typ. G. Chamerot, 19, rue des Saints-Pères. — 9619.

N° 48 — 7000
    62 — 480
   144 — 1050
   149 — 12000
   150 — 12000
   154 — 1500
   2/8 — 200
   ─────────
         34230   —   35.9
         1711.50
   ─────────
         35.941.50
          1.627   34.2
   ─────────   1.7
         37.568.50   35.96

PARIS
TYPOGRAPHIE GEORGES CHAMEROT
19, RUE DES SAINTS-PÈRES, 19

                              7000

   7000   34.230
    480   740
    790   55
     55   1550
   1070   ──────
   12000   36.625
   12000   1.832 ½
    1500   ──────
    1550   38.462 ½
     200   21
   ─────   ──────
   36.645   38.482 ½
    1832 ½
   ─────
   38.477 ½
    2310 ¼
   ─────
   40.787 ¾

www.ingramcontent.com/pod-product-compliance
Lightning Source LLC
Chambersburg PA
CBHW071416060426
42450CB00009BA/1915